AF452072

SVI·TTE DE PETITS TRAITEZ EN FORME DE LETTRES,

ESCRITES A DIVERSES PERSONNES STVDIEVSES.

A PARIS,

Chez AVGVSTIN COVRBE', dans la petite Salle du Palais, à la Palme.

M. DC. LI.

AVEC PRIVILEGE DV ROY.

SVITTE DE

PETITS TRAITEZ

EN FORME DE

LETTRES,

ESCRITES A DIVERSES

PERSONNES STVDIEVSES.

D'un homme qui respondoit estant endormi en toutes
langues où on l'interrogeoit, quoiqu'il ne
les sceust pas.

LETTRE LXI.

ONSIEVR,

Puisque vous voulés estre informé du
fait dont l'on vous a dit quelque chose tou-

A ij

chant cét homme qui parloit toute forte de
langues en dormant, & que vous desirez
mesme sçauoir ce que i'en pense, il faut que
ie rende cette lettre beaucoup plus longue
que ie n'ai accoustumé de les faire, & que
vous vous resoluiez à la peine de lire ce que
vous m'aurez obligé d'escrire auec assez de
fatigue.

La Cour estant à Compiegne cét Esté
dernier, & le Roi prenant son diuertisse-
ment l'apresdinée sur cette agreable terrasse
du Chasteau où estoit aussi Monsieur frere
vnique de sa Majesté, ie me trouuai auec
Monsieur de Guitaut dans vn de leurs apar-
temens d'où nous les considerions, & où
entr'autres propos il me tint celui-cy. Qu'il
auoit veu lors qu'il commandoit dans
Broüage vn nommé le Fevre de la ville de
Roüen, qui non seulement parloit en dormant, & respondoit comme beaucoup
d'autres sans s'esueiller estant interrogé,
mais qui le faisoit mesme en toutes langues,
encore qu'il ne sceust bien que la Françoise,
& vn peu de l'Espagnole & de l'Italienne.
Cela m'obligea à tirer de lui le plus de cir-

conftances que ie peus d'vne chofe qui me sembloit tres-digne de confideration. Et parce que i'appris de fon difcours, que ce le Fevre eftoit venu à Broüage fur vn vaiffeau où eftoit auffi Monfieur de la Hoguette, que vous & moi connoiffons fort bien ; ie ne fus pas pluftoft arriué à Paris, que ie donnai vn memoire pour lui eftre enuoié à Meffieurs du Puy, qui font dans le commerce ordinaire de lettres auecque lui, afin de receuoir encore quelque lumiere de ce cofté là. En effet il leur refcriuit par deux fois fur ce fuiet. Et d'autant qu'il confirmoit tout ce que m'auoit dit Monfieur de Guitaut, auec quelques particularitez qu'il importe de fçauoir, ie les vous dois rapporter, ce me femble, deuant que de paffer outre.

Monfieur de la Hoguette affeure ces Meffieurs, qu'aiant couché long-temps fur vn mefme matelas en mer auec le fieur le Fevre, il fe fouuient d'auoir fait plus de vingt fois l'experience, lors qu'il dormoit, de fes refponfes en diuerfes langues qu'il ne fçauoit point.

A iij

Que pour le mettre en beau train il fa-
loit lui faire faire débauche auec de l'hypo-
cras ou du vin bruſlé, parce qu'apres cela il
n'auoit pas pluſtoſt la teſte ſur le cheuet,
qu'il commençoit à parler ſeul en propos
ordinaires , & puis reſpondoit en tout langage où il eſtoit interrogé, quoy que ſouuent il n'y euſt ni ordre, ni ſuitte, ni ſens, en
ſes diſcours.

Qu'vne fois deuant plus de vingt-cinq
perſonnes venuës exprés pour l'entendre,
vn nommé Lambol lui parlant Canadien,
il lui reſpondit en Canadien : Qu'vn autre
ſieur de la Broſſe Secretaire du Cheualier de
ſainct Luc lui parlant Anglois, il reſpondit
en Anglois : Que Monſieur de Guitaut lui
aiant prononcé ces ſeules paroles qu'il auoit
leuës dans Theuet, *Paraouſti Satouriona*,
qui ſont le nom d'vn Roi de la Floride, il ſe
mit à parler en vne ſorte qui fit dire à vn ma-
rinier preſent, qu'il parloit le langage des
Topinambous. Et que lui la Hoguette s'e-
ſtant aduiſé de lui dire ces autres paroles
Grecques de noſtre Oraiſon Dominicale,
ἁγιάσθητω τὸ ὄνομα σου, *agiaſtito to onoma ſou*,

il repartit en vn certain baragoin dont la cadence sembloit estre Grecque.

Qu'vne autrefois il fit aussi en dormant l'horoscope d'vn Capitaine de mer qui n'estoit pas de ses amis. Il prononça mesme qu'il auoit le *Caput Algol* en ascendant, & qu'il mourroit de mort violente; comme en effet il fut tué depuis en duel.

En fin que Monsieur de Guitaut l'entendit chanter vne autre fois encore, les trois parties d'vn Balet qui auoit esté dansé chez luy, s'escriant à la troisiesme, Monsieur Titelouse, voici de la Chromatique ? ce Titelouse estoit vn excellent Musicien de Roüen qu'il connoissoit.

Car il ne faut pas ignorer que lui le Fevre auoit les premiers Elemens de mille belles connoissances, mais imparfaitement & auec confusion. Il sçauoit la Musique, ioüoit du Luth, estoit Empirique, & auoit quelque legere notion de toutes les parties des Mathematiques, mesmes de la Iudiciaire. Mais il craionnoit aussi bien qu'autrefois du Moustier, c'est à dire en perfection, & l'on ne voioit point d'hóme qui escriuist mieus

que lui. Ioignez à cela qu'il auoit deux fre-
res fort galans hommes, & que leur maison
estoit d'vn fort grãd abord à quantité d'hon-
nestes gens de qui il auoit retenu beaucoup
de choses.

Et certes toutes ces differentes notions
lui auoient rempli l'esprit de tant d'images
confuses, qu'en veillant, & estant en con-
uersation, il auoit la physionomie d'vn
hóme qui dormoit, & qui en estoit assoupi:
Au lieu dequoi, & par vn effet tout contraire, estant endormi il paroissoit estre esueillé.

I'adiouste pour derniere circonstance
de la lettre de Monsieur de la Hoguette,
que feu Monsieur de Cominges, frere de
Monsieur de Guitaut, & celui que vous
m'auez souuent ouï tenir pour le Gentil-
homme de son temps qui auoit le plus de-
loquence naturelle, aiant demandé au mesme le Feure endormi, qui estoit le meilleur
de ses amis? il respondit que c'estoit Monsieur de la Hoguette. Surquoy Monsieur
de Cominges luy repliquant qu'il estoit
fort abusé, & que ce la Hoguette lui rendoit
tous les iours de mauuais offices auprés de
Monsieur

Monsieur de sainct Luc : Il iura le nom de Dieu contre son ordinaire, se leuant en son seant, & proferant ces mesmes termes, qui que vous soiez, vous auez menti, la Hoguette est homme d'honneur, ie m'en vai vous attendre à la Pierre ; c'estoit vn lieu où les soldats auoient accoustumé de s'aller battre.

Mais ie ne dois pas aussi oublier ce que ie tiens particulierement de Monsieur de Guitaut, que toutes les fois qu'on auoit fait ainsi parler le sieur le Fevre, il auoit le lendemain vn grand mal de teste dont il se plaignoit fort, protestant qu'on auoit tort de lui causer cette disgrace, car il reconnoissoit par sa douleur de teste, quand on auoit pris plaisir autour de lui durant qu'il dormoit.

Voila le theme sur lequel vous voulez que ie vous entretienne, & qui m'oblige d'abord à vous dire qu'on le peut traitter en deux façons fort differentes ; l'vne en termes de pure physique, qui se donne toute la liberté qu'ont euë les premiers Philosophes Grecs & Latins ; & l'autre en termes de Theologie Chrestienne, qui se renferme dans les

bornes raisónables que la Foy nous prescrit.
Car non seulement celle-cy nous fait connoistre vn commencement & vne Creation
du Monde, elle nous apprent de plus qu'vn
premier homme, de qui tous les autres ti-
rent leur origine, imposa le nom à toutes
choses par le moien d'vne science infuse :
Et que depuis lui iusques au tems de ce te-
meraire & prodigieux bastiment de la Tour
de Babel, il ne se parloit qu'vn seul langage
par toute la terre, *Terra erat vnius labij*,
la diuersité des langues n'aiant esté intro-
duite au Monde, que pour punir l'attentat
d'vne si insolente architecture. Ce sont des
veritez reuelées qui nous obligent à nous de-
partir de beaucoup de raisonnemens qu'on
pourroit fonder ici sur l'ancienne Philosophie. Touchons-en quelque chose neantmoins, tant pour les reconnoistre aucunement, que pour nous seruir de ce qu'ils ont
qui peut compatir auec nostre creance.

l. 10. noct.
Att. c. 4.

C'est vne question celebre il y a long-
tems dans l'escole au rapport d'Aulu-Gelle,
si les noms qui composent les langues, &
qui sont, disent les Philosophes, des instru-

mens propres à nous faire diſcerner la ſub-
ſtance des choſes, leur ont eſté impoſez par
vn pur inſtinct de Nature, ou s'ils depédent
de la fantaiſie des hommes qui en aient con-
uenu pour ſignifier ce qu'ils nous repreſen-
tent ; Φύσει τὰ ὀνόματα ἢ θέσει, *an nomina natura-
lia, an arbitraria poſitiua, & ex inſtituto.*
En effet c'eſt le ſujet d'vn des Dialogues de
Platon, où Cratyle, qui luy a donné le tiltre, ſouſtient que l'impoſition des noms
s'eſt faite naturellement, aiant en cela Pythagore & Epicure pour fauteurs de ſon
opinion, dont le premier conſideroit la Nature dans cette action douée d'vne ſouue-
raine ſageſſe, *ſumma ſapientiæ Pythagoræ
viſum eſt omnibus rebus impoſuiſſe nomina,*
dit Ciceron au premier liure de ſes Tuſcula-
nes. Dans le meſme Dialogue de Platon,
Hermogene contredit Cratyle, & veut que
le ſeul conſentement des hommes ait eſté
cauſe que les noms ſoient demeurez aux
choſes tels qu'elles les ont ; en quoy il a eſté
ſuiui par Ariſtote, pour ne rien dire de De-   l. de Interpr.
mocrite qui prouuoit le meſme ſentiment
par les homonymies, poſionymies, & ete-

ronymies, où l'on ne voit rien de cette su-
preme sageſſe de la Nature. Mais Socrate au
meſme lieu, comme vn facile & agreable
mediateur, trouue bon que quelques noms
ſoient naturels, pourueu qu'on tombe d'ac-
cord qu'il y en a beaucoup d'autres qui vien-
nent du caprice des hommes, qui les ont
impoſez, comme bon leur a ſemblé. Et il
trouue des marques de cela dans la plus ancienne & la plus philoſophique de toutes
les Poëſies, où les Dieux nomment Xan-
thus le meſme fleuue que les hommes ap-
pelloient Scamandre ; où l'oiſeau Chalcis
des premiers, eſt le Cyminde des derniers;
& où le Geant qui portoit le nom de Bria-
rée au Ciel, n'auoit que celuy d'Ægeon en
Terce.

Or deſia toutes ces opinions n'ont rien
de formellement contraire au texte de la
Geneſe, ſur lequel on peut dire qu'Adam
donnant les noms à toutes choſes, ſe laiſſoit
conduire à la Nature, qui agiſſoit diuine-
ment en luy, comme n'aiant point encore
eſté corrompuë par le peché ; & qui luy
pouuoit faire prononcer *tu*, & *vos* en pouſ-

fant les levres & l'haleine comme pour defi-
gner ce qui eft au dehors, de mefme que *ego*,
& *nos*, en les retirant en dedans, felon l'ob-
feruation de Nigidius au mefme lieu d'Aulu-Gelle dont nous auons defia cité quelque
chofe. Car puifque les termes qui ont la
mefme fignification que ceux-là, foit Grecs,
foit François, foit des autres lagues qui nous
font connuës, obligent aus mefmes mouue-
més de la bouche, & des autres organes qui
feruët à l'articulation de ces paroles, il y a fu-
jet de croire que cela fe pouuoit trouuer encore de la forte au premier de tous les Idiomes que parloit Adam. Ainfi le fentiment
de Cratyle trouue icy fon conte, auffi bien
que celuy d'Hermogene, puifque noftre
premier Pere & fes fuccefleurs ont nommé
à leur fantaifie tout ce qui vint à leur con-
noiffance. Ce qui rend encore probable la
troifiefme penfée de Socrate, qui n'eft rien
qu'vn accommodement des deus premie-
res qu'elle prefuppofe veritables en partie.

Il n'en eft pas de mefme de ce que s'eft
imaginé Diodore Sicilien au premier liure
de fa Bibliotheque. Il dit que les hommes

au commencement n'auoient qu'vne voix
confuſe & qui ne ſignifioit rien , mais qu'elle deuint enfin diſtincte ou articulée , &
meſme ſignificatiue par le moyen des ſignes
qui accompagnoient la parole de ces premiers hommes en montrant la choſe dont
ils parloient, qui receut par vn commun
conſentement le nom qui luy eſtoit ainſi
donné, Mais dautant que les influences du
Ciel faiſoient produire a la Terre des hommes dans toute ſon eſtenduë, qui vſoient
de ſens differens pour deſigner leurs objets,
aiant des mouuemens interieurs diſſemblables ſelon les climats ou ils naiſſoient ; il arri-
ua qu'ils s'exprimerent diuerſement à cauſe
des lieux de contraire poſition & de different temperament qu'ils habitoient. Et c'eſt
de là que ceux de cette opinion veulent que
ſoient venuës tant de langues qui n'ont rien
de commun les vnes auec les autres , &
tant d'Idiomes diuerſifiez par des peuples
ſeparez de demeure, auſſi bien que d'inclination & de naturel. Cependant qu'eſt-ce qu'
on diſt de plus oppoſé aux liures de Moyſe
que tout ce diſcours , qui bat tout en ruine,

s'il auoit quelque solidité, la tour de Babel
& ce qui en dépend. Aussi doit-il estre rejet-
té comme offençant la Foy, à laquelle il n'y
a point de raisonnement humain qui ne doi-
ue ceder.

Pour venir maintenant au fait particulier
de ce le Fevre qui parloit en dormant toute
sorte de langues, ne pourroit-on pas dire
dans le sentiment de Pythagore & de Cratyle, que puis qu'elles sont naturelles, l'esprit humain se peut trouuer dans vne si par-
faite disposition, que par le mesme instinct
qui les a produites, il en aura quelque vsage
& quelque connoissance, dans les termes
mesmes de nostre Religion. Car l'imper-
fection du peché originel n'a pas ruiné de
telle sorte nostre Nature, qu'elle ne pa-
roisse souuent toute diuine, &, comme
Aristote la nomme en plus d'vn lieu, De-
moniaque. Aussi voyós-nous que le Medecin Huarte a soustenu dans son examen des
Esprits, qu'il s'est trouué des hommes d'vn
temperament de cerueau tel, qu'ils ont parlé Latin sans l'auoir iamais appris. Et il pre-
tend que ce mesme temperament a formé

la parole à quelques enfans presque en sor-
tant du ventre de leur mere, selon que le
mesme Aristote le rapporte au problesme
vingtsettiesme de la section onziesme. Mais
ce grand pouuoir de la Nature ne se recon-
noist iamais si visiblement, que quand nostre ame presque separée de la matiere, d'où
luy vient cette tache originelle, opere sans
le ministere des Sens, comme il luy arriue
quand elle tombe en extase, ou que dans vn
sommeil extraordinaire l'imagination demeure libre, & fait des operations qui passent pour miraculeuses. La Fureur mesme
qui est vn autre transport de nostre raison
hors de son assiette ordinaire, cause des
actions d'esprit qui paroissent surnaturelles.
Vn Citoïen de Syracuse nommé Marac qui
se mesloit de faire des vers, n'en faisoit iamais d'excellens, dit encore Aristote, que
quãdil estoit dans l'accés d'vne demenceou
folie qui le prenoit souuent; & chacun sçait
que la fureur Poetique passe pour vne grande Vertu. La Diuination est nommée
μανικὴ des Grecs, comme estant fort voisi-
ne de la manie ou fureur. Les fievres chau-

des

des font parler ceux qu'elles trauaillent des
langages inconnus. Pomponace nous ap-   l. de Incant.
prent que la femme d'vn Sauetier de Man-   c. 10.
touë fut guerie par vn Medecin, d'vne ma-
ladie melancholique qui la faisoit parler diuerses langues. Vn continuateur des diuerses leçons de Pierre Messie garantit l'exemple d'vne femme Limousine, que la fievre
ardente fit discourir trois iours entiers en
bon François, qui luy estoit entierement in-
connu. Il veut que Fernel ait escrit auoir
veu vn Page du Roy Henry second, igno-
rant iusques à ne sçauoir ni lire ni escrire, qui
neantmoins parloit bon Grec dans vne
Phrenesie dont il estoit trauaillé. Fernel
pourtant a bien fait mention au seiziesme
chapitre de son second liure *de abditis re-*
rum causis, d'vn Gentil-homme possedé, à
qui le mauuais Demon donna l'vsage de la
langue Greque; mais cela ne fait rien à nostre propos, & ie ne croi pas qu'on lise dans
aucun de ses traitez, ce que ce Côtinuateur
luy attribuë. Repetons plustost que la seu-
le alteration d'esprit a parfois enseigné le Latin à des personnes qui ne l'auoient iamais

C

estudié, si nous en croions cét Huarte que
nous venons de citer. Erasme veut aussi
dans son Panegyrique de la Medecine,
qu'vn homme de la ville de Spolette deue-
nu maniaque, ait parlé fort bon Alleman
sans aucune instruction precedente ; auec
cette particularité, qu'il n'entendit plus la
mesme langue Tudesque, aussi tost qu'il fut
gueri. Et nous voyons dans Sainct Luc, que
ceux qui se moquoient des Apostres, que le
Sainct Esprit venoit de gratifier du don des
langues, dirent qu'ils estoient hors de sens,
pour auoir pris du vin par excés. Tant il
est vrai que tout ce qui met aucunement
nostre ame hors de son lieu, qui la destache
ce semble, & qui luy fait faire des saillies
violentes, a tousiours esté tenu capable de
lui apprendre en vn instant des idomes nou-
ueaux, & de la faire parler des langues qu'elle n'a point apprises.

Que le sommeil deslie l'ame des sens,
qu'il la purifie, & la face agir d'vne façon
du tout extraordinaire, mille exemples le
prouuent de songes tenus pour diuins, &
d'vne infinité de remedes que la Medecine

confeſſe lui auoir eſté reuelez en dormant.
Cardan reconnoiſt dans ſon traité de l'im-   p. 230.
mortalité de l'ame, qu'il doit beaucoup de
demonſtrations geometriques aus raiſon-
nemens de ſon eſprit lors qu'il eſtoit endormi, parce qu'au tems qu'il compoſoit les liures de ſa nouuelle Geometrie, il venoit à
bout en dormant, de ce qu'il neuſt oſé ſe
promettre de lui eſtant eſueillé. Et ie vous
puis aſſeurer qu'il m'eſt arriué, auſſi bien
qu'à beaucoup d'autres, d'auoir eu des penſées dans le plus profond ſommeil dont ie
demeurois eſtonné en m'eſueillant, & que
quand i'ai pû me ſouuenir des termes où ie
les auois miſes, ſoit en vers ſoit en proſe,
i'ay admiré l'auantage qu'auoit pris la partie ſuperieure durant l'aſſoupiſſement de
l'autre. Mais il ne faut pas trouuer eſtrange
que l'eſprit agiſſe alors bien plus noblement
en lui-meſme, puis qu'aus choſes meſmes
où il ſe ſert durant ce tems-là du miniſtere
des ſens & de la matiere, il ne laiſſe pas d'y
operer par fois preſque miraculeuſement.
Vous ſçauez ce qu'on aſſeure de ceux qui
cheminent de nuict tous endormis, & que

C ij

les Latins ont nommez pour cela *noctambulones*. Le Philosophe Theon estoit de ce nombre là, si nous en croions Diogenes Laërtius, qui dit encore dans la vie de Pyrrhon, qu'vn seruiteur de Pericles montoit mesme sur le toict des maisons sans s'esueiller. Le Medecin Galien tesmoigne qu'il est souuent allé à pied par la longueur d'vn stade dans vn profond sommeil. Et l'on a escrit qu'vne personne qui ne sçauoit pas faire la moindre brassée dans l'eau estant esueillée, passoit toutes les nuits vne riuiere à nâge en dormant. C'est donc vne chose rare à la verité, mais non pas impossible ni surnaturelle, que l'ame s'exerce bien mieux alors, soit en elle-mesme auec la parole & le raisonnement, soit en se seruant plus expressement des organes corporels, comme tant d'exemples le prouuent euidemment.

Ie veux m'abstenir des raisons qui se pourroient tirer de la Philosophie d'Auicenne, selon laquelle l'entendement humain se trouue par fois disposé de telle sorte, lors qu'il s'esleue au dessus de la matiere, que toutes choses luy sont possibles. Dans

la doctrine de cét Arabe, noftre ame peut
alors commander aux vents, exciter foit
des pluies, foit des grefles, & par la force
de fon imagination, agit non feulement fur
le corps qu'elle informe, ce qui eft ordinaire, mais mefme fur d'autres auec tant d'effet, qu'elle oblige vn chameau à s'arrefter
tout court & à tomber contre terre. Ne
veut-il pas encore que l'homme participe
tellement de toutes les vertus des corps fu-
perieurs & inferieurs, qu'il les efgale tous
par puiffance. Il le rend capable, non feule-
mént d'agir comme les intelligences pures,
mais de poffeder mefme par fois les plus ra-
res proprietez des pierres, des plantes, &
des animaux. Et n'a t'on pas efcrit des Arabes & de quelques Indiens, qu'en man-
geant le coeur ou le foie d'vn dragon, ils en-
tendoient le jargon de tous les animaux, Phi- Phi l. 1. c 4.
loftrate aiant donné cette merueilleufe con- l. 3. c. 3. & l.
noiffance à fon Apollonius, qui interpretoit 4 c. 1.
à fes difciples les ramages differens des oifeaux. Certes il femble qu'il y ait moins de
chemin à faire pour paruenir à la connoif-
fance de toutes les langues des hommes

C iij

que pour arriuer à celle de tant de differétes especes d'animaux. Et d'ailleurs, si le cœur du dragon a la proprieté que Philostrate luy donne, l'esprit de l'homme, selon Auicenné, la possede encore par puissance, & par acte, lors qu'il est dans vne disposition qui l'exempte des lois ordinaires de la matiere. Or il n'y a point de temps où l'ame parroisse telle, & si separée du corps à l'esgard de quelques vnes de ses facultez, que pendant le sommeil, qui a fait attribuër la diuinité aus songes, & qui pourroit donner au sieur le Fevre, selon cette Philosophie des Arabes que ie gouste fort peu, la faculté esmerueillable & prodigieuse, d'entendre & de parler toutes les langues ausquelles on l'interrogeoit.

Ie ne veux pas non plus auoir recours ici à la possession des mauuais Demons, diffamant la reputation d'vn homme qui n'a iamais esté soupçonné de ce desastre. Car encore qu'entre les signes euidens que l'Eglise donne pour reconnoistre ceux qui sont veritablement possedez, elle mette celuy de parler des langues qu'ils n'ont point apprises ;

ce n'est pas à dire pourtant que ce seul tef-
moignage, & ceste feule marque, suffise
pour conclurre auec certitude vne veritable possession. Quelle apparence y a t'il,
que le Diable qui n'entre aus corps des hommes que pour leur nuire, & pour les tour-
menter, le fist feulement lors qu'ils dor-
ment, & qu'ils sont par consequent dans
vn estat, où ils ne peuuent meriter ni deme-
riter. Iamais on n'a oüi parler d'vne chose
semblable, ni d'vne possession qui ne fust
que purement nocturne. L'histoire Eccle-
siastique ni la Payenne, n'ont rien de tel dans
leurs obseruations touchant les Energu-
menes. Et il faut remarquer icy que la bonne vie de ce le Fevre, & le tesmoignage que
rendent de la probité tous ceux qui l'ont
connu, nous doiuent empescher de rien
soupçonner de tel.

Ie dirois plustost que son temperament,
qui paroist dans nostre theme fort melancholique, lui pouuoit donner mesmes durant le sommeil des notions extraordinaires,
& telles que les ont euës les Sibylles des anciens, & les personnes lymphatiques. Car

Sect 30. qu.
X.

nous lisons dans les problemes d'Aristote
que toutes ces Pythonisses, & tous ces
Enthousiastes, n'estoient transportez que
d'vne humeur melancholique, qui leur donnoit des prenotions de l'auenir, & des connoissances de plusieurs langues. C'est ce qui
a fait nómer à quelques-vns la melancholie
le bain du Diable. Mais quoi que l'opinion
commune portast que Iupiter & Apollon
parloient par la bouche de ces Sibylles, ceus
de la profession d'Aristote en pensoient bien
autrement, laissant au peuple les sentimens
qu'il n'estoit pas permis de contredire. Tant
y a que tous les grands esprits, qui ont pour
la pluspart esté melancholiques, ont eu ie ne
sçay quoi d'extraordinaire ; ce qui fait sou-

l. 2. de nat.
Deor.

tenir au Stoïcien Balbus dans Ciceron, qu'ils
ont tous esté touchez de l'esprit de Dieu,
*nemo vir magnus sine aliquo afflatu diuino
vnquam fuit.*

Mais certes i'ai bien plus d'inclination à
croire ici que les notions des langues & des
sciences qu'auoit prises le sieur le Fevre, tant
par l'estude que par l'abord des estrangers
& des hommes sçauans chez lui, dans vne
ville

ville telle que Roüen, fourniſſoient à ſon imagination eſmeuë par l'humeur melancholique tous ces termes de langues eſtrangeres, qui ſortoient confuſement de ſa bouche quand on les prouoquoit en le queſtionnant, comme l'Ambre attire la paille ſeulement quand il eſt eſchauffé en le frottant. Car on ne dit point qu'il parlaſt ces langues en reſuant, que quand il les auoit entenduës dans les interrogations qu'on luy faiſoit. Et c'eſt alors que par vne certaine ſympatie, & par vne vertu preſque magnetique ou aimantée il expectoroit des paroles de meſme nature dont il trouuoit le magazin dans ſa memoire. Ainſi voit-on ſur les inſtrumens de Muſique, qu'vne chorde touchée en eſbranſle vne autre qui eſt à l'vniſſon ſans qu'on la frappe, & que par exemple en tirant le ſon de la quatrieſme d'vn luth, la ſeptieſme eſt eſmeuë, ou la dixieſme ſi l'on en fait autant à la cinquieſme, quoi que les autres chordes qui ſont plus proches, & entre-deux, demeurent immobiles, ne reſſentát pas l'effort ſympathetique de cét vniſſon. Les demandes qu'on

D

propofoit au Fevre en langue Grecque, La-
tine, Angloife, ou Canadienne, efmou-
uoient de mefme les efpeces femblables qui
lui eftoient demeurées dans l'efprit, des
conferences auec les eftrangers, ou de la le-
cture des liures; & les paroles conformes à
celles dont fon oreille eftoit battuë en dormant, partoient de fa bouche comme pour
venir au deuant d'vn ton ami, & qui leur
eftoit naturel. Auffi n'y a-t-il rien de plus
receu dans la Phyfique que cét axiome, *fimile fertur ad fimile*, tout fe porte vers ce qui
lui eft conforme; d'où nous auons dit dans
la morale, que chacun recherche fon fembla-
ble. Diuerfes Plantes attirent d'vne mefme
terre chacune le fuc qui lui eft propre, laiffat
l'eftranger: La Vigne prent pour elle ce qu'il
y a de doux; le Lupin la partie nitreufe; &
la Coloquinte qui eft le concombre fauua-
ge, ce qui refte d'amer. La Rhubarbe va
chercher dans nos corps l'humeur iaune &
& bilieufe qui la fuit, & qui fort auec elle
prouoquée par cette reffemblance; comme
d'autres purgatifs agiffent fur le refte de nos
humeurs, auec lefquelles ils ont de la con-

uenance. C'eft pour cela qu'on deffend
d'expofer du rouge aus yeux de ceus qui
crachent du fang, pource que cette couleur
l'incite à fortir. Et c'eft pourquoi encore il
nous prent prefque toufiours enuie de nous
eftendre, & de bâiller, lors que nous apper-
ceuons quelqu'vn qui eft dans cette action.
Nous compatiffons par la mefme raifon à
ceus qui fouffrent. Il nous prent enuie d'v-
riner, quand les autres piffent. Et il ne m'arriue guere de lauer mes mains, que l'eau qui
tombe deffus ne me follicite, en defpit
que i'en aie, d'en aller verfer d'autre, pour
peu qu'il m'en refte dans la veffie. Bref les
chofes mefmes inanimées recherchent leurs
femblables, & s'allient par cét inftinct naturel auec leurs pareilles ; Ce que les grains
de differentes efpeces dans vn crible, & les
pierres de diuerfes grandeurs au bord de
la mer, font reconnoiftre manifeftement.
Voire mefme plufieurs fondent fur cette
fympathie les mouuemens violens de la mer
pendant la pleine Lune, l'humidité de cét
Aftre, qui a plus d'action alors, aiant le pouuoir d'efleuer les eaux & de les attirer aucu-

nement vers elle , ce qui rend bien plus grand leur flus & reflus. Il n'est donc pas difficile à conceuoir dans cette Philosophie , comme quoi des paroles d'vne certaine langue ou idiome, qui frappoient l'ouye de cét homme disposé comme nous l'auons dit , & d'vne imagination viue telle qu'estoit la sienne, en attiroient de mesme nature à l'exclusion de celles d'vn autre ton ou jargon. Mais il faut obseruer qu'elles sortoient auec la confusion qui accompagne tousiours les resueries de la nuict, & auec vn bouleuersement d'especes dans sa memoire, qui luy causoit ces grandes douleurs de teste dont il se plaignoit le lendemain. Peut-estre mesme pronōçoit-il beaucoup de choses qui ne signifioient rien , & qui ne ressembloient que par la cadence , & le son, aus langues dont il ne sçauoit que fort peu de termes. Combien voions nous de personnes qui contrefont le langage des Suisses ou des Hollandois sans y rien connoistre. I'ai veu le dernier Baif qui representoit si bien vn Escossois en gestes & en paroles , qu'on eust iuré qu'il estoit origi

naire d'Edimbourg, bien qu'il n'entendist
pas le moindre mot de ce païs-là. Que s'il
n'arriue pas à tous ceux qui sçauent beaucoup de langues, de s'en feruir en dormant,
aussi ne dorment-ils pas tous esgalement,
aussi ne font-ils pas tous de mesmes songes,
aussi n'ont-ils pas tous l'imaginatió d'vn pa-
reil temperament. Il se trouue des personnes qui ne resuent iamais. Les peuples At-
lantes parmi les anciens auoient des songes
tous autres que le reste des hommes, si Pli- ^{l. 5. c. 2.}
ne en doit estre creu. Et ceux de la nouuel-
le France se vantent que les leurs sont tou-
jours veritables. Ce n'est donc pas merueille si vn homme d'entre nous a possedé
quelque chose de particulier en cecy.

　C'est tout ce que vous aurez de moy sur
vn suiet où m'obligeant d'opiner, vous
auez deu croire que ie le ferois à ma mode,
c'est à dire douteusement, & sans vser d'aucune affirmation dogmatique. La Sceptique Chrestienne me donne des deffiances
de tout ce qui se propose en Phisique, &
tant s'en faut que i'y vueille passer pour vn
grand Maistre és Arts, que rien ne me pa-

roift plus vain que ce tiltre, quand ie confi-
dere qu'à peine fe trouue-t-il vn homme
qu'on puiffe iuftement nommer Maiftre en
vne feule profeffion. La mienne eft de taf-
cher à m'inftruire, en propofant mes dou-
tes & non pas mes refolutions. Vous fça-
uez que l'infcription du Temple confacré
au Dieu de la Science eftoit tout Sceptique-
que, puifque cét ã, ou ce *fi*, qu'on y lifoit,
eft vne particule qui nourrit nos deffiances,
qui marque noftre incertitude, & qui ne
conclud iamais auec determination. C'e-
ftoit fans doute pour nous apprendre que
rien ne peut eftre plus agreable au Ciel de
la part des hommes, que leurs douttes phi-
lofophiques, leur ignorance raifonnée, &
leur modeftie à ne rien decider de ce que
l'efprit humain a droit de contefter. En effet y a-t-il chofe aucune fi apparemment
faulce, qu'on ne puiffe reueftir de quelque
vrai-femblance. Ie viens de confiderer auec
horreur vn lieu de Plutarque rempli de blaf-
phefme, où il s'eft imaginé auoir fort bien
demonftré que toute la Religion des Iuifs
n'eftoit rien que des Bacchanales. Auoüons-

l.4.Sympof.
qu. 5.

le franchement, il n'y a que les veritez reuelées, comme font celles de noftre croian-
ce, qui doiuent captiuer noftre efprit, &
que nous deuions embraffer inefbranlable-
ment. Tout le refte eft fuiet à tromperie ,
& noftre raifon adiouftant à l'erreur des
fens, fur lefquels elle fe fonde, fa mauuaife
façon de difcourir & de tirer des confe-
quences, ne nous pout rien donner de bien
conftant. Mais puifque i'ay touché ce mot
de l'infidelité & du mauuais rapport denos
fens, qui compofent les principaux moyens Modi Epo-
de l'Epoche, permettez-moy que ie vous re- ches.
cite en riant, ce que ie leus de mefme der-
nierement dans le fecond des liures que Pe- c. 90.
traque a faits touchant les remedes contre
l'vne & l'autre fortune. Il affeure qu'vn
homme de fon tems ne pouuant fouffrir le
chant des Roffignols, fe leuoit la nuict pour
les chaffer auec des gaules & des pierres. Il
dit qu'il faifoit mefmes arracher les ar-
bres où fe retiroient ces aimables oifeaux,
pour les efloigner de fa demeure. Et ce qui
eft encore plus extrauagant, & plus digne
de confideration, ce mefme homme, dit

Petrarque ne trouuoit point de Musique
si agreable que le chant des Grenoüilles,
qu'il entendoit auec grand plaisir au bord
d'vn Estang où il s'estoit logé. En verité
cét exemple de la bigearrerie de nos sens, &
de la diuersité de nos sentimens, dont nous
sommes tous esgalement ialoux & idola-
tres, est trop illustre pour n'en pas orner nostre Sceptique ; & ie crois mesmes que ie ne
puis finir cette lettre par vn plus bel endroit.
Il faut pourtant que i'y adiouste qu'en des
suiets pareils à celui qui nous vient d'entretenir , nous n'auoüons pas assez ingenu-
ment nostre foiblesse. Nous voulons pa-
roistre sçauans par tout, & nous maintien-
drions, s'il nous estoit possible, que la Nature n'a point de plus grande estenduë en ses
effects, qu'est celle de nostre petite connoissance. O que le Genie de Socrate estoit
bien different de celui qui nous possede ! Il
le destournoit seulement , disent tous les
anciens, & iamais ne l'incitoit à rien entre-
prendre ; c'est à dire, qu'il luy donnoit assez de mouuemens & de lumieres pour
nier à propos , mais que iamais ils ne luy

inspiroit

inſpiroit la hardieſſe d'aſſeurer ſes penſées, ni d'eſtablir ſes opinions auec trop d'affir-mation. Auſſi dit-onque ce meſme Genie eſtoit Saturnien, & non pas Martial, ce qui ſignifie qu'il portoit veritablement Socrate à la contemplation des choſes, ſans pour-tant les luy faire deffendre auec cette conte-ſtation & cette opiniaſtreté qui accompa-gne touſiours les Dogmatiques.

DE LA
MEDITATION.

LETTRE LXII.

ONSIEVR,

Vous ne me reprocheriez pas tant ce que vous m'auez oui dire affez fouuent en faueur de la vie contemplatiue, fi vous fçauiez de quelle façon, lors que i'y penfois le moins, ie me fuis veu comme tranfporté dans celle qui luy eft oppofée. En effet, me trouuant dans la pleine quietude d'vne vie priuée, & m'y promenant, s'il faut ainfi dire, le long du riuage, vn coup de Mer auec vn vent inefperé m'ont ietté tout à coup au milieu de la Cour; de la mefme forte que des tourbillons portent affez fou-

tient iufques en haute mer ce qui gouftoit
fur fes bords le repos de la terre ferme. Mais
ne croïez pas que pour cela i'aié renoncé à
toute forte de contemplation, ni que ie per-
de iamais le gouft de ces retraites philofo-
phiques, ou de ces entretiens folitaires qui
compofent la plus belle partie de noftre vie.
Outre que ceux qui s'y plaifent, & qui fça-
uent l'art de s'y entretenir, trouuent la foli-
tude par tout , & leur tranquilité au milieu
des plus grandes agitations. Ie ne perds pas
l'efperance de regagner vn iour le port , &
d'aller retrouuer, comme Platon, l'agreable loifir de l'Académie, apres auoir paffé
quelque tems dans vne Cour , qui laiffe
beaucoup plus d'honnefte liberté que celle
qu'il quitta. Me voicy tantoft dans vn âge
où ie pourrai honneftement demander la
permiffion de m'aller accouftumer à la foli-
tude du tombeau, & au repos du fepulchre.
Car puifque noftre vie eft vne fi veritable
Comedie, il eft iufte qu'apres les intrigues,
les combats, & les demeffez, nous la termi-
nions par des recreations innocentes & phi-
lofophiques, qui donnent bien plus de la-

tisfaction que toutes les nopces & les dan-
ses d'vn theatre.

Ie ne dis pas cecy pour me plaindre des
occupations où ie suis, & qui vous sem-
blent si penibles. Ce qui se fait volontiers,
ne trauaille pas beaucoup ; outre que souuent, soit le plaisir, soit l'vtilité, qui accom-
pagnent ou qui suiuent nos operations, sur-
passent ce qu'elles peuuent auoir de fas-
cheux. Les voiles d'vn vaisseau ont veritablement quelque poids, mais elles ne le
chargent pas tant qu'elles luy seruent à le
faire aller, & à rendre sa course plus legere.
Il en est de mesme de plusieurs actiós qui paroissent laborieuses, bien qu'elles soiét en effet & cómodes & vtiles à la vie pour la passer plus auantageusement. C'est par là que ie
pretens vous pouuoir iustifier mon proce-
dé dans l'employ où ie suis. Pour le surplus
vous ne sçauriez auancer aucune proposi-
tion si fauorable au repos, que ie n'y mette
incessamment l'enchere, par vn surcroist
d'estime que i'y adiousterai. L'immobili-
té du premier Moteur, me semblera toû-
jours preferable à l'agitation perpetuelle du

premier Mobile. Aussi Sparte n'a rien eu de
si recommandable à mon sens, que l'hon-
neste loisir de ses citoyens. Et ie trouue que
l'vn d'eux eut raison, de regarder auec ad-
miration vn Athenien qu'on venoit de con-
damner pour son oisiueté, ce qui paroissoit
au Spartiate vne punition d'auoir vescu en
homme d'honneur, & comme nous parlons auiourd'huy, en vray Gentilhomme.
En effet, quand ie considere qu'on tire nostre mot *aise*, de l'Italien *agio*, & ce dernier
du Latin *otium*, ie fais volontiers cette reflexion, que nos anciens ont tousiours creu
qu'il falloit estre en repos pour estre à son
aise, ou plustost qu'on n'y pouuoit estre
sans vn parfait loisir. Cela reuient à l'opinion de Thales, que la meilleure de toutes
les maisons estoit celle dont le Maistre auoit
le plus de repos. Mais certes ce repos, & ce
loisir ne nous doiuent pas mettre hors de
toute action, & nostre solitude ne doit pas
estre sauuage comme celle d'vn Sanglier, Sanglier de
singularis.
ni telle que les anciens nous ont representé
la retraite d'vn Timon, qui ne pût souffrir
qu'vn autre bigearre comme luy se resioüit

E iij

de ce qu'ils mangeoient seuls, sans luy dire
que sa presence l'empeschoit d'estre encore en vn meilleur estat. Le repos philo-
sophique n'est ni chagrin, ni reprochable
pour sa faineantise honteuse. Quand vn
homme d'honneur se separe de la presse,
c'est alors qu'il deuient beaucoup plus vtile
à tout le genre humain. Et le plus solitaire
des Oiseaux consacré à Pallas, aiant toû-
jours passé pour le symbole de la prudence,
nous apprent qu'vne vie retirée n'est pas à
mespriser, puis qu'elle a ses occupations
studieuses, & qu'elle cultiue mieux que toute autre les arts & les sciences. C'est ce qui
a fait dire à Ciceron que la solitude estoit la
demeure, ou, pour se seruir de son mot, l'a-
greable prouince de ceux qui se plaisent aux
lettres & à l'estude. Mais à la verité il n'ap-
partient pas à tout le monde d'vser comme
il faut de cette solitude, ni d'emploier vtile-
ment deux choses qu'on y doit soigneuse-
ment cultiuer, le silence & la meditation.
 Ne trouuez pas estrange que ie parle du
premier comme d'vne chose necessaire.
Vous sçauez ce que Pithagore requeroit de

ses escholiers pour ce regard. Numa plus
ancien que luy, quoy que plusieurs escri-
uains l'aient nommé Pythagoricien, reue-
roit, dit Plutarque, entre toutes les Muses
celle qu'il nommoit Tacite, ou Muette. Et
vous vous souuiendrez, s'il vous plaist, de
ce que Demosthene repartit à vn qui se van-
toit du grand profit qu'il auoit retiré de son
babil, qu'à son esgard, vn seul iour de silence luy auoit valu iusques à cinq Talens. Ad-
ioustez à cela, que si nous apprenons à parler des hommes, comme disoit vn ancien,
les Dieux, c'est à dire les choses diuines,
nous enseignent à nous taire *loquendi magi-
stros habemus Homines, tacendi Deos*. Il est
certain qu'vn Fou ne sçauroit se taire, &
que si c'est vne Vertu d'Orateur de bien discourir, c'est le propre d'vn Philosophe d'obseruer souuent le silence, & de se contenir
dans le port de Sigée, pour employer les
termes dont vse gentiment vne Courtisane
Greque dans Athenée. Les Medecins con-
siderent le silence comme vtile à beaucoup
de maladies corporelles; mais il peut passer
pour vne medecine Socratique, bien plus

l. 13. Gna-
thaena.

profitable à l'esprit.   Or que ne deuons-
nous point faire pour la santé de cette partie superieure, s'il s'est trouué des personnes
qui pour obtenir celle du corps, ont esté
plusieurs années sans parler.   Pline le dit
d'vn Mecœnas Messius, qui demeura trois
ans muet volontaire, afin de remedier à vn
vomissement de sang qui luy estoit suruenu
apres vne conuulsion.   De verité l'on ne
sçauroit trop estimer le silence, qui outre
vne infinité d'autres auantages, a celuy-là
de rendre beaucoup plus considerables les
paroles de ceux qui le sçauent bien prati-
quer.   Car comme l'excellence & le prix
de la Porcelaine, à ce que nous apprenons
de plusieurs relations de l'Inde Orientale,
vient d'auoir esté long-temps cachée en
terre, où ce qui la compose a eu le loisir de
se raffiner : Il se trouue ie ne sçay quoy de
semblable dans le silence, quand nous ren-
dons pour vn temps de bonnes pensées, que
nous ne communiquons qu'en temps & lieu
apres les auoir bien ruminées.   Et n'est-ce
pas la rareté qui recommande la pluspart
des choses, & qui nous oblige à faire
plus

plus de cas du Soleil en Hyuer où il paroiſt peu, qu'en Eſté où il nous viſite par fois plus que nous ne voudrions?

Quant à la ſeconde choſe abſolument neceſſaire pour tirer quelque profit de la ſolitude, que nous auons dit eſtre la meditation, ce n'eſt pas ſans ſujet qu'on fait prononcer à Periandre que tout deſpend d'elle, μελέτη τὸ πᾶν, *Meditatio totum*. Celuy qui ſçait l'art de mediter, *artem Meleteticam*, a ce merueilleux auantage, qu'il n'emprunte point d'ailleurs ni hors de luy, la fin de ſon operation; & qu'il trouue plus par ſon moyen & par ſes regles dans luy-meſme, qu'en tout le reſte du monde. Les preceptes de cette ſcience Angelique font que noſtre eſprit, tournant vne matiere qu'il ſe propoſe en cent façons differentes, luy donne toutes les formes qu'elle eſt capable de receuoir, de meſme qu'vn Potier fait ce qu'il veut de ſa terre argileuſe, la remuant à ſa fantaiſie ſelon les loix de ſon meſtier. Il en arriue tout au contraire à ceux qui pour n'auoir iamais exercé auec methode le diſcours mental, ne s'eſtre point habituez au

F.oii

raiſonnement interieur, & n'auoir iamais
accouſtumé leur ame à promener vn ſuiet
par tous les lieux categoriques, & par toutes les Topiques qu'enſeigne vne meditation bien ordonnée, ne produiſent rien que
d'informe & d'imparfait; comme de cer-
taines femmes qui n'accouchent que de
faux Germes, ou n'engendrent que des
Monſtres. Ie ſçay bien que vous n'attendez
pas de moy que ie vous expoſe icy tous les
Canons d'vne Metaphiſique, auſſi impor-
tante qu'elle eſt connuë de peu de perſonnes. Ie vous diray ſeulement qu'vn de ſes
premiers preceptes & de la plus grande
conſequence eſt d'y philoſopher touſiours
de la circonference au centre, rapportant
tout ce qui ſe preſente de diuers endroits à
l'imagination & à la memoire, au theme
choiſi, comme à vn but pris dés le commencement de la meditation. Il faut renuoier
tout le reſte qui nous peut deſtourner l'eſprit de ce premier obiect, practiquant en
quelque façon cét autre bel art d'oubliance
dont parloit autrefois Themiſtocle.

Tant y a que vous pouuez reconnoiſtre
par tout ce que ie viens de vous eſcrire, que

ie ne suis pas si ennemi que vous le presup-
posiez, ni de la vie priuée, ni des retraites
philosophiques, ni des solitudes studieuses,
où l'on tire proffit du silence & de la meditation. Ie sçay bien que les anciens n'accompagnoient les statuës des Muses de celle du
Sommeil, selon l'obseruation de Pausanias,
qu'à cause que ce Dieu estoit ami aussi bien
qu'elles du repos, du silence, & des lieux
solitaires. Et quand ils ont voulu que la
Nuict, nommée par les Grecs Euphrone,
eust esté la mere nourrice de la Prudence,
i'ay tousiours creu que c'estoit pour signi-
fier que le secret & le silence de cette mesme nuict, qui nous separe des compagnies,
& qui nous met dans vne libre possession
de nous mesmes, estoit fort propre à nous
former le iugement, & à nous faire auoir
de saines pensées de toutes choses. Le Temple souterrain de Consus le Dieu des bons
conseils, reçoit vne mesme interpretation.
Quiconque prendra ces mythologies de la
sorte, ne preferera iamais absolument la vie
actiue à la contemplatiue, ni les charmes de la
Cour aux enthousiasmes de la Philosophie.

F ij

DE LA DIVERSITE'
DES SENTIMENS.

LETTRE LXIII.

ONSIEVR,

Vous trouuerez moins estranges ces con-
testations pleines d'animosité qui causent
auiourd'huy de si grands vacarmes par tout,
quand vous sçaurez que nostre siecle pro-
duit des hommes qui n'ont de commun
auec les autres que la figure exterieure, tout
le dedans estant d'vne conformation differente. Car si la doctrine d'Hippocrate est
vraie, que nos mœurs suiuent nostre temperament, & que les fonctions de nostre
ame dependent des organes materiels; ce

n'est pas merueille que des esprits qui agissent dans des corps tout à fait dissemblables, ayent des sentimens absolument contraires. Ie vous dis cecy au suiet d'vn miserable dont on fit ces iours derniers la dissection dans Paris, apres y auoir esté executé publiquement à cause de ses crimes. Ce n'est pas qu'il ne me souuienne bien qu'Aristote a dit en parlant des Monstres au quatriesme chapitre du quatriesme liure de la Generation des animaux, qu'on a veu par fois comme vn prodige à l'ouuerture de quelques bestes à quatre pieds, que leur Foie, & leur Ratte, auoient changé de costé & pris la place l'vn de l'autre ; ce qu'il repette au dernier chap. du 1. liure des mesmes animaux. Pline a fait encore cette remarque en transcriuant mot pour mot le texte d'Aristote au trentesettiesme liure de son histoire naturelle. Mais le corps patibulaire dont ie vous parle fut bien d'vne autre consideration, vous pouuant asseurer qu'il rendit l'Eschole Galenique fort estonnée, quand on luy trouua les entrailles disposées de telle sorte, qu'il auoit à droite toutes les parties qui ont accoustumé d'estre à gauche; & non seulement la Ratte au costé droit, aussi bien que le Foie à l'opposité, mais le Cœur mesme penchant vers le lieu d'où il s'esloigne par embas ordinairement; & l'orifice superieur de l'estomach; auec sa descharge vers les intestins, tout au rebours de leur situation commune. Imaginez-vous presque tout le reste transposé de mesme, iusques à ce que vous aiez veu la docte description que vous en dónera le sçauant Anatomique M. Riolan; vous ne la pouuez pas receuoir de meilleure main. Ie vous diray cependant que voilà vne des plus surprenantes obseruations que la Medecine ait iamais faites; & qui pour auoir esté ignorée, doit apparement auoir donné lieu à de grandes beueuës dans cette profession. Combien deuons-nous croire qu'il y a eu de personnes incommodées de douleurs hepatiques, qu'on a traitées comme souffrant de la Ratte, & comme spleneriques, à cause du costé gauche dont ils se plaignoient? Et à combien d'autres cette transposition des parties interieures aura-t-elle esté preiudiciable, dans

vne infinité de maladies où l'on applique
des remedes ropiques, pour agir sur le lieu
où est la douleur? Il ne faut point douter
qu'il ne se soit fait d'estranges *qui pro quo.*
Et si nous condamnons auec raison dans la
Morale ceux qui prennent de la gauche ce
qu'on leur presente de la droitte ; il semble que la Nature ait grand suiet de se plaindre ici d'auoir esté traittée de la mesme façon, par ceux qui font estat de la coñnoistre
parfaitement. En effet l'on ne sçauroit nier
sans s'opiniastrer contre ce qui est vray-
semblable, qu'il n'y ait eu vne infinité
d'autres hommes, formez au dedans comme l'estoit celuy dont ie vous parle, qui
neantmoins ont esté medicamentez sur le
système du corps humain, tel qu'Hippocrate & Galien l'ont presupposé, c'est à dire,
tout different de ce qu'il a paru dans ce ren-
contre.

Ie laisse à ceux qui feront exprés des dis-
cours anatomiques sur ce suiet, de considere-
rer s'il doit estre pris pour vn simple ieu de
la Nature qui se plaist à la diuersité, ou selon les textes que nous auons rapportez

d'Ariſtote pour vne production môſtrueu-
ſe, emploiant ce mot dans ſa plus eſtenduë
ſignification, ſur quoi ie vous réuôie à mon
opuſcule des Monſtres. Poſſible s'en trouue-
ra-t-il qui le regarderont comme vn notable
prodige, propre à nous faire apprehender le
bouleuerſement de toutes choſes, qui ne
paroiſt que trop en nos iours dans la pluſpart des Eſtats du monde. Et peut-eſtre
que d'autres rapporteront cette merueille à
l'eſmotion de la fantaiſie des Meres, qui
cauſe ſi ſouuent des effets extraordinaires,
dum fortis imaginatio generat caſum. Car
ſi elle eſt capable de faire qu'vne poule qui
couue, à la ſeule veuë de l'oiſeau ennemi,
engendre des poulets qui ont la teſte d'vn
Milan ? Si elle agit meſme au dehors, & ſur
des corps eſloignez, ſelon cette doctrine
qui eſt celle d'Auicenne ? Pourquoy cette
meſme imagination ne pourroit-elle pas
auoir ici renuerſé ſon ouurage, & changé
la place qu'elle a couſtume de donner à ſes
parties ? Ie ne ſçay pas meſme s'ils ne vou-
dront point que ce ſoit vn euenement pro-
duit par le caprice de ceux qui ſe portent
auec

auec intemperence au fait de la generation.
Lucrece l'a remarqué comme merueilleusement important, quoy qu'il ne luy attribuë pas l'effet que nous difons, quand il
efcrit,

> *Et quibus ipfa modis tractetur blanda*   L.4.
>   *voluptas,*
> *Id quoque permagni refert : nam more*
>   *ferarum*
> *Quadrupedumque magis ritu plerumq;*
>   *putantur*
> *Concipere vxores.*

Or cela ne fçauroit arriuer, comme ces vers,
que ie n'ai que faire de vous traduire, le portent, qu'vne partie de la femence qui coule
à droite dans l'accouplement ordinaire, ne
fe iette en celui-là au cofté gauche, ce qui
peut donner quelque foupçon que l'enfant
qui en vient fe reffentiroit apres de ce de-
fordre, & receuroit de cette diuerfe poftu-
re vne fituation differente de fes parties interieures. Chacun fçait de quelle impor-
tance font les principes en toutes chofes;
& perfonne n'ignore le prouerbe, que c'eft
à l'enfourner qu'ordinairement les pains fe

font cornus. Mais quittons toutes les con-
siderations physiques qu'on pourroit rapporter, & nous contentons de toucher sce-
ptiquement le poinct de Morale par lequel
i'ay commencé, & ie veux finir cette lettre.

Si l'on a pris iusques à cette heure pour vn
argument des diuerses opinions qui se re-
connoissent parmy les hommes, la varieté
de leurs visages, & la contrarieté de leur
temperamment, que ne peut-on point dire auiourd'huy qu'on y obserue cette derniere disproportion en la situation de leurs
entrailles ? Sans mentir c'est vne adionction
qui sert merueilleusement à se moins eston-
ner du combat perpetuel des esprits au suiet de leurs pensées. Il ne peut pas y auoir de
conuenance entr'eux, où tout est si fort different; & ie vous diray à ce propos qu'ayant
souuent fait reflexion sur les diuers genies
de ces deux grands hommes, Cardan, &
Iules Scaliger, ie me suis moins esmerueillé
qu'ils aient escrit l'vn contre l'autre auec
tant d'animosité. Considerez la vaine fan-
taisie de ce dernier, quand il s'imagina, Medecin qu'il estoit, d'estre venu des Princes

de Verone ; inuentant vne fable que luy &
son fils euſſent maintenuë maye au peril de
leur vie. Regardez de l'autre part le meſ-
pris que fait Cardan de ſon extraction, pouſ-
ſé d'vne humeur contraire, mais peut-eſtre
auſſi vicieuſe, lors qu'il ſe declare nettement
fils de putain , commençant le liure de ſa
propre vie par l'action de ſa Mere, qui fit
ce qu'elle pût pour auorter de luy. Certes
vous ne trouuerez pas eſtrange en ſuitte,
que des ames ſi fort diſſemblables ayent
exercé entr'elles ces inimitiez literaires qui
ont paru dans leurs eſcrits. Et peut-eſtre
que ma çonionçture ne vous paroiſtra pas
moins vrai-ſemblable que celle de Philo-
ſtrate , qui fondoit toute l'animoſité recon-
nuë entre Eſchine & Demoſthenes, ſur ce
que le premier aimoit le bon vin , & le ſe-
cond ne beuuoit que de l'eau. Ie penſe que
s'il euſt ſceu comme les hommes naiſſent
auec cette poſition differente des parties
que Momus euſt voulu voir à deſcouuert,
il euſt pluſtoſt rapporté l'antipathie de ces
deux grands Orateurs à vne telle diuerſité,
qu'à la cauſe qu'il en donne , trop foible,

ce me semble, pour vn si grand effet.

Car pour reuenir à Scaliger & Cardan, quoi que l'vn & l'autre ait fait profession de ne combattre qu'en faueur de la verité, chacun la mettant de son costé; la chose reuient tousiours au mesme point, & l'on voit manifestement que des esprits d'vne trempe si diferente, ne peuuent s'accorder au fait de cette verité, à cause de son vnité & de sa simplicité. Mais disons dauantage, l'on fait la guerre pour le mensonge comme pour la verité, & celuy-là l'emporte souuent sur la dernière. La figure d'vn Chien faite de bonne main, vn Crapault bien representé, qui ne sont que des faussetez, sont neantmoins plus estimez que ces mesmes animaux dans leur veritable naturel. Et pour mettre cela en plus grande euidence, le Spartiate Lysandre n'eut-il pas la hardiesse de soustenir que cette mesme Verité dont nous parlons, ne valoit pas mieux que le Mensonge bien emploié? C'est ce qui fit qu'vn autre Lacedemonien au lieu de s'offencer contre celuy qui l'appelloit Menteur, luy repartit froide-

Plutar.
apoph.
Lacon.

ment, qu'eſtant homme libre, il pouuoit
mentir quand bon luy ſembloit; & que c'e-
ſtoit le fait des autres hommes qui viuoient
en eſclaues, d'eſtre punis pour auoir menti.
Auſſi comme les Egyptiens dans vne feſte
où ils mangeoient du miel & des figues, prononçoient ces mots conſacrez à cette
ceremonie, *dulce eſt Veritas*, qu'il n'y auoit
rien de plus doux que la Verité; ne liſons-
nous pas ces autres d'vne ſignification toute differente, dans les prouerbes du plus ſa-
ge de des Hebreux, *ſuauis eſt homini panis
mendacij*, que l'homme dans ſa nature corrompuë ne mange point de pain qui luy ſoit
plus agreable que le menſonge.

Ce n'eſt donc pas merueille qu'on con-
teſte ſur toute autre ſorte de ſuiets, ſi le
menſonge meſme a ſes ſuppos, & s'il ſe trouue des hommes qui oſent le preferer à la verité. Admirons là deſſus les ſecrets impe-
netrables de la prouidence diuine, qui a
voulu creer les hommes ſi diſſemblables de
corps & d'eſprit, qu'ils ont touſiours eſté
& ſeront eternellement dans des diſputes
où ils côſument les plus beaux iours de leur

G iij

vie.   C'eſt de ce principe que procedent les contentions ſi extremes, & ſi implacables, que nous voions tantoſt au faiĉt de la Theologie, tantoſt au ſuiet de la Politique; où il paroiſt bien que la pluſpart d'entr'eux ont les entrailles dans vne poſition differente. O que les Romains formerent à propos leur mot *Quiritare* de *Quirites*, d'où l'on croit qu'eſt venu le *gridare* des Italiens, & noſtre *crier* François. Car qu'y a-t-il de plus propre ou de plus eſſentiel aus Peuples, que de murmurer, de ſe plaindre, & de crier ſans ceſſe, auſſi bien que la pluſpart du tems ſans ſuiet ? Mais qui n'eſt point auiourd'huy d'vne inclination ſemblable, & d'vn temperament populaire pour ce regard ? & où ſont ceux qu'on voie de ſentimens ſi conformes entr'eux, qu'il ne ſemble ſouuent que ce que les vns ont à droitte, les autres l'ayent placé à la gauche?

www.ingramcontent.com/pod-product-compliance
Lightning Source LLC
LaVergne TN
LVHW021824170726
843503LV00007B/3332